HANS H. ØRBERG
LINGVA LATINA
PER SE ILLVSTRATA

PARS I

FAMILIA ROMANA

**VOCABULARIO
LATINO-ESPAÑOL
I**

DOMVS LATINA

MMI

LINGVA LATINA PER SE ILLVSTRATA
VOCABULARIO LATINO-ESPAÑOL
© Hans H. Ørberg 1999

LINGVA LATINA
PER SE ILLVSTRATA
  by Hans H. Ørberg
PARS I: FAMILIA ROMANA
PARS II: ROMA AETERNA
INDICES
COLLOQVIA PERSONARVM
GRAMMATICA LATINA
EXERCITIA LATINA
PLAVTVS: AMPHITRYO
PETRONIVS: CENA TRIMALCHIONIS

Domus Latina, Hans H. Ørberg
Skovvangen 7, DK-8500 Grenaa, Dinamarca
www.lingua-latina.dk

Focus Publishing, Ron Pullins
P.O.Box 369, Newburyport, MA 01950, USA
www.pullins.com

A

ā/ab/abs *prp* +*abl*		de, desde, después, por
ab-dūcere		retirar
ab-errāre		alejarse, extraviarse
ab-esse ā-fuisse		estar ausente/alejado
ab-icere		echar de sí
ab-īre -eō -iisse		alejarse, partir
abs *v.* ā/ab/abs		
absēns -entis *adi*		ausente
abs-tinēre		mantener lejos
ac *v.* atque/ac		
ac-cēdere		acercarse (a)
accendere -disse -ēnsum		encender
ac-cidere -disse		suceder, acaecer
ac-cipere		recibir
ac-cubāre		estar echado a la mesa
ac-cumbere -cubuisse		echarse a la mesa
ac-currere -rrisse		acudir, llegar corriendo
ac-cūsāre		acusar
ācer -cris -cre		ardiente, fugoso
acerbus -a -um		acre, agrio
aciēs -ēī *f*		orden de batalla
acūtus -a -um		afilado, agudo
ad *prp* +*acc*		a, hacia, hasta, junto a
ad-dere -didisse -ditum		añadir
ad-esse af-fuisse		estar presente, asistir
ad-hūc		todavía, aún
ad-icere		añadir
ad-īre -eō -iisse -itum		dirigirse, ir (a)
ad-iungere		agregar
ad-iuvāre		ayudar
ad-mīrārī		admirar, maravillarse
admīrātiō -ōnis *f*		admiración
ad-mittere		admitir, dar entrada
ad-nectere -xuisse -xum		unir, pegar
ad-ōrāre		adorar
adulēscēns -entis *m*		adolescente, joven
ad-vehere		transportar, importar
ad-venīre		llegar
adversus/-um *prp* +*acc*		en dirección a, contra
adversus -a -um		opuesto, desfavorable
aedificāre		edificar, construir
aedificium -ī *n*		edificio
aeger -gra -grum		enfermo
aegrōtāre		estar enfermo
aegrōtus -a -um		enfermo
aequē		igualmente
aequinoctium -ī *n*		equinoccio
aequus -a -um		igual, tranquilo
āēr -eris *m*		aire
aestās -ātis *f*		estío, verano
aestimāre		estimar, valorar
aetās -ātis *f*		edad
affectus -ūs *m*		estado de ánimo
af-ferre at-tulisse al-lātum		traer, llevar, causar
af-ficere		afectar
af-firmāre		afirmar
age -ite +*imp*		¡ea! ¡vamos!
ager -grī *m*		campo, territorio
agere ēgisse āctum		llevar, hacer, ocuparse (de)
agmen -inis *n*		ejército en marcha
agnus -ī *m*		cordero
agricola -ae *m*		agricultor
ain'		¿es posible?
āiō ais ait āiunt		decir
āla -ae *f*		ala
albus -a -um		blanco
alere -uisse altum		nutrir, sustentar
aliēnus -a -um		ajeno, de otro
ali-quandō		alguna vez
ali-quantum		bastante
ali-quī -qua -quod		algún
ali-quid		algo
ali-quis -quid		alguno, alguien
ali-quot *indēcl*		algunos
aliter		de otro modo
alius -a -ud		otro
aliī... aliī		unos... otros
allicere -iō -ēxisse -ectum		atraer
alter -era -erum		uno, el otro (de dos)
altum -ī *n*		alta mar
altus -a -um		alto, elevado
amāns -antis *m*		amante
amāre		amar
ambulāre		ir a pie, pasear
amīca -ae *f*		amiga
amīcitia -ae *f*		amistad
amīcus -ī *m*		amigo
amīcus -a -um		amigo, amistoso
ā-mittere		perder
amnis -is *m*		río
amoenus -a -um		ameno
amor -ōris *m*		amor
amphitheātrum -ī *n*		anfiteatro
an		o, o bien
ancilla -ae *f*		esclava, criada
angustus -a -um		angosto, estrecho
anima -ae *f*		soplo, aire, vida, alma
anim-ad-vertere		prestar atención a
animal -ālis *n*		ser viviente, animal
animus -ī *m*		espíritu, alma
annus -ī *m*		año
ante *prp* +*acc*, *adv*		delante de, antes (de)
anteā		ante
ante-hāc		antes, hasta ahora
ante-quam		antes de, antes que
antīquus -a -um		antiguo, viejo
ānulus -ī *m*		anillo, sortija
anus -ūs *f*		vieja
aperīre -uisse -rtum		abrir
apertus -a -um		abierto
apis -is *f*		abeja
ap-pārēre		aparecer
appellāre		llamar, hablar a
ap-pōnere		poner encima, servir
ap-portāre		llevar, traer, aportar
ap-prehendere		prender, asir
ap-propinquāre (+*dat*)		acercarse (a)

3

Aprīlis -is (mēnsis)	abril
apud *prp* +*acc*	junto a, con
aqua -ae *f*	agua
aquila -ae *f*	águila
arānea -ae *f*	araña, telaraña
arāre	arar, labrar
arātor -ōris *m*	labrador
arātrum -ī *n*	arado
arbitrārī	pensar, juzgar, creer
arbor -oris *f*	árbol
arcessere -īvisse -ītum	llamar, hacer venir
arcus -ūs *m*	arco
arduus -a -um	escarpado
argenteus -a -um	de plata
argentum -ī *n*	plata
arma -ōrum *n pl*	armas
armāre	armar, aparejar
armātus -a -um	armado
ars artis *f*	habilidad, arte
as assis *m*	as (moneda de cobre)
a-scendere -disse	subir (a), trepar
asinīnus -a -um	de asno
asinus -ī *m*	asno, burro
a-spergere -sisse -sum	esparcir, añadir
a-spicere	mirar
at	pero
āter -tra -trum	negro, oscuro
atque/ac	y, que, como
ātrium -ī *n*	atrio, sala
attentus -a -um	atento
audācia -ae *f*	audacia, osadía
audāx -ācis *adi*	audaz, osado
audēre ausum esse	osar
audīre	oír, escuchar
au-ferre abs-tulisse ablātum	llevar consigo, quitar
au-fugere	huir, escaparse
augēre -xisse -ctum	acrecentar, aumentar
Augustus -ī (mēnsis)	agosto
aureus -a -um	áureo, de oro
aurīga -ae *m*	cochero
auris -is *f*	oreja
aurum -ī *n*	oro
aut	o
aut... aut	o... o
autem	pero, en cambio
autumnus -ī *m*	otoño
auxilium -ī *n*	auxilio, socorro
auxilia -ōrum *n pl*	tropas auxiliares
avārus -a -um	ávido, codicioso, avaro
ā-vertere	alejar
avis -is *f*	ave, pájaro
avunculus -ī *m*	tío materno
B	
baculum -ī *n*	bastón
bālāre	balar
balneum -ī *n*	baño
barbarus -a -um	bárbaro, extranjero
bāsium -ī *n*	beso
beātus -a -um	feliz, dichoso
bellum -ī *n*	guerra
bellus -a -um	gracioso, bonito
bene	bien
beneficium -ī *n*	beneficio, favor
bēstia -ae *f*	animal, bestia
bēstiola -ae *f*	animal pequeño, insecto
bibere -bisse	beber
bīnī -ae -a	dos (cada uno)
bis	dos veces
bonum -ī *n*	el bien, lo bueno
bonus -a -um	bueno
bōs bovis *m/f*	buey
bracchium -ī *n*	brazo
brevī *adv*	en breve
brevis -e	breve, corto
C	
cachinnus -ī *m*	carcajada
cadere cecidisse	caer
caecus -a -um	ciego
caedere cecīdisse caesum	golpear, herir, matar
caedēs -is *f*	matanza, carnicería
caelum-ī *n*	cielo
calamus -ī *m*	caña (para escribir)
calceus -ī *m*	calzado, zapato
calidus -a -um	caliente
calor -ōris *m*	calor
campus -ī *m*	llanura, campo
candidus -a -um	blanco brillante
canere cecinisse	canter, sonar
canis -is *m/f*	perro, perra
cantāre	cantar
cantus -ūs *m*	canto, sonido
capere -iō cēpisse captum	coger, tomer, capturar
capillus -ī *m*	cabello
capitulum -ī *n*	capítulo
caput -itis *n*	cabeza
carcer -eris *m*	cárcel, prisión
cardō -inis *m*	quicio, gozne
carēre +*abl*	carecer de
carmen -inis *n*	canto, poema
carō carnis *f*	carne
carpere -psisse -ptum	coger, pacer
cārus -a -um	caro
castra -ōrum *n pl*	campamento
cāsus -ūs *m*	caída, caso
catēna -ae *f*	cadena
cauda -ae *f*	cola
causa -ae *f*	causa, motivo
gen (/meā) + causā	a causa de, por razón de
cautus -a -um	cauto, prudente
cavēre cāvisse cautum	guardarse de
cēdere cessisse	irse, retirarse
celer -eris -ere	rápido, veloz
celsus -a -um	alto, elevado
cēna -ae *f*	comida, cena
cēnāre	comer

cēnsēre -uisse -sum	juzgar, pensar	cōmoedia -ae f	comedia
centēsimus -a -um	centésimo	com-parāre	comparar
centum	cien	com-plectī -exum	abrazar
cēra -ae f	cera	com-plēre -ēvisse -ētum	llenar, comnpletar
cerebrum -ī n	cerebro	com-plūrēs -a	varios, muchos
cernere crēvisse	distinguir, discernir	com-putāre	calcular, contar
certāmen -inis n	combate, contienda	cōnārī	intentar, esforzarse
certāre	combatir, disputar	condiciō -ōnis f	condición
certē	seguramente, al menos	cōn-ficere	hacer, acabar
certō adv	seguramente, sin duda	cōn-fīdere +dat	confiar en
certus -a -um	cierto, seguro	cōn-fitērī -fessum	confesar
cessāre	tardar, cesar	con-iungere	juntar, reunir
cēterī -ae -a	los otros, los demás	coniūnx -iugis m/f	cónyuge, marido o mujer
cēterum adv	por lo demás, pero	cōn-scendere -disse	subir (a), montar a
cēterus -a -um	restante, lo otro	cōn-sequī	seguir, alcanzar
charta -ae f	papel	cōn-sīdere -sēdisse	sentarse
cibus -ī m	comida, cebo	cōnsilium -ī n	consejo, decisión, propósito, plan
cingere -nxisse -nctum	circumdar, ceñir		
-cipere -iō -cēpisse -ceptum		cōn-sistere -stitisse	ponerse, detenerse
circā prp +acc	alrededor de, cerca de	cōn-sōlārī	consolar
circēnsēs -ium m pl	juegos de circo	cōnsonāns -antis f	consonante
circēnsis -e	del circo	cōnspectus -ūs m	vista
circiter	alrededor, cerca de	cōn-spicere	ver, observar
circum prp +acc	alrededor de, cerca de	cōnstāns -antis adi	constante, firme
circum-dare	circundar, cercar	cōn-stāre -stitisse	costar
circum-silīre -uisse	saltar alrededor	cōnstāre ex	costar de
circus -ī m	circo	cōn-stituere -uisse -ūtum	determinar, decidir
cis prp +acc	de lado de acá	cōn-sūmere	consumir, agotar, pasar
citerior -ius	que está más acá	con-temnere -mpsisse -mptum	despreciar
citrā prp +acc	del lado de acá		
cīvis -is m/f	ciudadano, conciudadano	con-tinēre -uisse -tentum	contener
clāmāre	gritar	continuō adv	en seguida
clāmor -ōris m	clamor, griterío	contrā prp +acc	contra
clārus -a -um	claro, brillante	con-trahere	contraer, fruncir
classis -is f	flota	contrārius -a -um	contrario
claudere -sisse -sum	cerrar	con-turbāre	turbar, desordenar
claudus -a -um	cojo	con-venīre	reunirse, convenir, ir bien
clausus -a -um	cerrado	convenīre (ad/+dat)	
clāvis -is f	llave	con-vertere	volver
clēmēns -entis adi	dulce, clemente	convīva -ae m/f	comensal, convidado
cocus -ī m	cocinero	convīvium -ī n	festín, banquete
coep- v. incipere		con-vocāre	llamar, convocar
cōgere co-ēgisse -āctum	forzar, obligar	cōpia -ae f	abundancia, cantidad
cōgitāre	pensar	cōpulāre	atar, unir
cognōmen -inis n	sobrenombre	coquere -xisse -ctum	cocer, guisar
cognōscere -ōvisse -itum	conocer, reconocer	cor cordis n	corazón
cohors -rtis f	cohorte	cōram prp +abl	en presencia de
colere -uisse cultum	cultivar	cornū -ūs n	cuerno
collis -is m	collado, colina	corpus -oris n	cuerpo
col-loquī	conversar	cor-rigere -rēxisse -rēctum	corregir, emendar
colloquium -ī n	conversación, coloquio	cotīdiē	doaroamente, cada día
collum -ī n	cuello	crās	mañana
colōnus -ī m	campesino, colono	crassus -a -um	gordo, grueso
color -ōris m	color	crēdere -didisse (+dat)	creer (en), confiar (a)
columna -ae f	columna	crēscere -ēvisse	crecer
comes -itis m	compañero	cruciāre	atormentar, torturar
comitārī	acompañar	crūdēlis -e	cruel
com-memorāre	hacer mención de	cruentus -a -um	ensangrentado
commūnis -e	común	cruor -ōris m	sangre

5

crūs -ūris *n*	pierna	dē-tergēre	enjugar
crux -ucis *f*	cruz	dē-terrēre	apartar
cubāre -uisse -itum	estar echado/tendido	dē-trahere	sacar, quitar
cubiculum -ī *n*	dormitoria, alcoba	deus -ī *m, pl* deī/diī/dī	dios
culīna -ae *f*	cocina	dē-vorāre	tragar, engullir
culter -trī *m*	cuchillo	dexter -tra -trum	derecho
cum *prp* +*abl*	con	dīcere -xisse dictum	decir, llamar, hablar
cum *coniūnctiō*	cuando, pues, como	dictāre	dictar
cum prīmum +*perf*	tan pronto como	dictum -ī *n*	palabra
cūnae -ārum *f pl*	cuna	diēs -ēī *m (f)*	día
cūnctus -a -um	todo, entero, *pl* todos	dif-ficilis -e	difícil
cupere -iō -īvisse	desear	digitus -ī *m*	dedo
cupiditās -ātis *f*	deseo	dignus -a -um	digno
cupidus -a -um (+*gen*)	deseoso, ávido	dillgēns -entis *adi*	diligente, cuidadoso
cūr	¿por qué?	dīligere -ēxisse -ēctum	amar
cūra -ae *f*	cuidado	dīmidius -a -um	medio
cūrāre	cuidar, preocuparse de	dī-mittere	despedir
currere cucurrisse	correr	dīrus -a -um	horroroso
currus -ūs *m*	carro, coche	dis-cēdere	alejarse de, irse
cursus -ūs *m*	carrera, curso, rumbo	discere didicisse	aprender
cūstōdīre	custodiar, guardar	discipulus -ī *m*	discípulo
		dis-iungere	desunir, separar
D		dis-suādēre	disuadir, desaconsejar
dare dedisse datum	dar	diū, *comp* diūtius	largo tiempo
dē *prp* +*abl*	de, desde arriba	dīves -itis *adi*	rico
dea -ae *f*	diosa	dīvidere -īsisse -īsum	separar, dividir
dēbēre	deber	dīvitiae -ārum *f pl*	riquezas
dēbilis -e	débil, inválido	docēre -uisse doctum	enseñar, instruir
decem	diez	doctus -a -um	instruido, docto
December -bris (mēnsis)	diciembre	dolēre	doler, afligirse
decēre	estar bien a, convenir	dolor -ōris *m*	dolor
deciēs	diez veces	domī *loc*	en casa
decimus -a -um	décimo	domina -ae *f*	dueña, señora
dēclīnāre	declinar	dominus -ī *m*	dueño, señor
de-esse dē-sum dē-fuisse	faltar, no ayudar	domum *adv*	a casa
dē-fendere -disse -ēnsum	defender	domus -ūs *f, abl* -ō	casa
de-inde/dein	después, luego	dōnāre	dar, regalar
dēlectāre	deleiar, complacer	dōnec	mientras, en tanto que
dēlēre -ēvisse -ētum	borrar, destruir	dōnum -ī *n*	don, regalo
dēliciae -ārum *f pl*	delicia	dormīre	dormir
delphīnus -ī *m*	delfín	dorsum -ī *n*	dorso, lomo
dēmere -mpsisse -mptum	quitar	dubitāre	dudar
dē-mōnstrāre	mostrar, demostrar	dubius -a -um	indeciso, dudoso
dēmum *adv*	sólo, por fin	du-centī -ae -a	doscientos
dēnārius -ī *m*	denario (moneda de plata)	dūcere -xisse ductum	conducir, guiar, dirigir
dēnī -ae -a	diez (cada uno)	uxōrem dūcere	casarse (con)
dēnique	en fin, finalmente	dulcis -e	dulce
dēns dentis *m*	diente	dum	mientras, en tanto que
dē-nuō	de nuevo	dum-modo	con tal que
deorsum *adv*	abajo	dumtaxat	sólo
dē-rīdēre	burlarse de	duo -ae -o	dos
dē-scendere -disse	descender	duo-decim	doce
dē-serere -uisse -rtum	abandonar, dejar	duo-decimus -a -um	duodécimo
dēsīderāre	echar de menos	duo-dē-trīgintā	veintiocho
dē-silīre -uisse	saltar abajo	duo-dē-vīgintī	dieciocho
dē-sinere -siisse	dejar, terminar	dūrus -a -um	duro
dē-sistere -stitisse	desistir de, cesar de	dux ducis *m*	guia, general
dē-spērāre	desesperar		
dē-spicere	mirar abajo, desdeñar		

E

ē v. ex/ē	
ēbrius -a -um	ebrio, borracho
ecce	he aquí, aquí está
ēducāre	educar
ē-dūcere	hacer salir
ef-ficere	producir, lograr
ef-fugere	huir, escapar
ef-fundere	verter, derramar
ego mē mihi/mī	yo, mí, me
ē-gredī -ior -gressum	salir
ēgregius -a -um	egregio, eminente
ē-icere	echar fuera
ē-līdere -sisse -sum	elidir
ē-ligere -lēgisse -lēctum	elegir
emere ēmisse ēmptum	comprar
ēn	he aquí
enim	en efecto, pues
ēnsis -is m	espada
eō adv	(hacia) allí
epigramma -atis n	epigrama
epistula -ae f	carta, misiva
eques -itis m	jinete
equidem	ciertamente
equitātus -ūs m	caballería
equus -ī m	caballo
ergā prp +acc	hacia, para con
ergō	así pues
ē-ripere -iō -uisse -reptum	arrebatar, robar
errāre	errar, vagar
ē-rubēscere -buisse	enrojecer
ē-rumpere	precipitarse fuera
erus -ī m	dueño, señor
esse sum fuisse futūrum esse/fore	estar, ser
ēsse edō ēdisse ēsum	comer
et	y, también
et... et	tanto... como
et-enim	y en efecto
etiam	además, también, aún
etiam atque etiam	varias veces
etiam-nunc	todavía
et-sī	aunque
ē-volāre	volar, salir volando
ē-volvere -visse -lūtum	desplegar, abrir
ex/ē prp +abl	de, desde
ex-audīre	oír
ex-citāre	desáertar, excitar
ex-clāmāre	gritar, exclamar
ex-cōgitāre	excogitar, inventar
ex-cruciāre	torturar
ex-currere -rrisse -rsum	salir corriendo
ex-cūsāre	excusar, disculpar
exemplum -ī n	ejemplo, modelo
exercitus -ūs m	ejército
ex-haurīre	vaciar, apurar
exiguus -a -um	pequeño, exiguo
ex-īre -eō -iisse	salir
ex-īstimāre	juzgar, pensar
exitus -ūs m	salida, fin
ex-ōrnāre	adornar
ex-plānāre	explanar, explicar
ex-pōnere	exponer, desembarcar
ex-pugnāre	conquistar, expugnar
ex-pugnātiō -ōnis f	conquista, expugnación
ex-spectāre	esperar, aguardar
ex-tendere -disse -tum	extender
extrā prp +acc	fuera de

F

faber -brī m	obrero, artesano
fābula -ae f	cuento, fábula
fābulārī	hablar, charlar
facere -iō fēcisse factum	hacer
faciēs -ēī f	rostro, cara
facile adv	fácilmente
facilis -e, sup -illimus	fácil
factum -ī n	hecho, acción
fallāx -ācis adi	falaz, engañador
fallere fefellisse falsum	engañar
falsus -a -um	falso, engañoso
falx -cis f	hoz, falce
fāma -ae f	fama
famēs -is f	hambre
familia -ae f	familia, esclavos
fārī	hablar
fatērī fassum	confesar
fatīgāre	fatigar
fātum -ī n	hado, destino, muerte
favēre fāvisse +dat	serv favorable, favorecer
Februārius -ī (mēnsis)	febrero
fēlīcitās -ātis f	felicidad, dicha
fēlīx -īcis adi	feliz, dichoso
fēmina -ae f	mujer
fenestra -ae f	ventana
fera -ae f	fiera
ferē	casi, unos
ferōx -ōcis adi	fogoso, salvaje, feroz
ferre tulisse lātum	llevar, soportar
ferreus -a -um	férreo, de hierro
ferrum -ī n	hierro
fertilis -e	fértil
ferus -a -um	salvaje
fessus -a -um	fatigado, cansade
-ficere -iō -fēcisse -fectum	
fīdere fīsum esse +dat	confiarse
fidēs -eī f	confianza, fe, lealtad
fidēs -ium f pl	lira
fidicen -inis m	tocador de lira
fīdus -a -um	fiel, leal
fierī factum esse	ser hecho, hacerse, suceder
fīgere -xisse -xum	fijar
fīlia -ae f	hija
fīliola -ae f	hijita
fīliolus -ī m	hijito
fīlius -ī m	hijo
fīlum -ī n	hilo
fīnīre	limitar, poner fin

7

fīnis -is *m*	límite, fin	glaciēs -ēī *f*	hielo
flāre	soplar	gladiātor -ōris *m*	gladiador
flectere -xisse -xum	doblar	gladiātōrius -a -um	de gladiador
flēre -ēvisse	llorar	gladius -ī *m*	espada
flōs -ōris *m*	flor	glōria -ae *f*	gloria
flūctus -ūs *m*	ola	glōriōsus -a -um	glorioso
fluere -ūxisse	fluir	gracilis -e	grácil, esbelto
flūmen -inis *n*	río	gradus -ūs *m*	paso
fluvius -ī *m*	río	Graecus -a -um	griego
foedus -a -um	feo	grammatica -ae *f*	gramática
folium -ī *n*	hoja	grammaticus -a -um	gramatical, de gramática
forās *adv*	afuera	grātia -ae *f*	favor, agradecimiento
foris -is *f*	puerta	gen (/meā) + grātiā	por (amor de)
forīs *adv*	fuera	grātiam habēre	estar agradecido
fōrma -ae *f*	forma	grātiās agere	dar las gracias
fōrmōsus -a -um	hermoso	grātus -a -um	grato, agradecido
forsitan	quizá, acaso	gravida *adi f*	embarazada
fortasse	quizá, acaso	gravis -e	pesado
forte *adv*	por casualidad	gremium -ī *n*	regazo
fortis -e	fuerte, valiente	grex -egis *m*	grey, rebaño
fortūna -ae *f*	fortuna, suerte	gubernāre	pilotar, gobernar
forum -ī *n*	plaza pública, foro	gubernātor -ōris *m*	timonel
fossa -ae *f*	foso	gustāre	gustar
frangere -ēgisse -āctum	romper, quebrar		
frāter -tris *m*	hermano	**H**	
fremere -uisse	gruñir	habēre	tener
frequēns -entis *adi*	numeroso, frecuente	habitāre	habitar
fretum -ī *n*	estrecho, freo	hasta -ae *f*	asta, lanza
frīgēre	tener frío	haud	no
frīgidus -a -um	frío	haurīre -sisse -stum	sacar
frīgus -oris *n*	frío	herba -ae *f*	hierba
frōns -ontis *f*	frente	herī	ayer
frūgēs -um *f pl*	frutos	heu	¡ah! ¡ay!
fruī +*abl*	gozar, disfrutar (de)	heus	¡eh! ¡hola!
frūmentum -ī *n*	grano	hic haec hoc	este, éste
frūstrā	en vano	hīc	aquí
fuga -ae *f*	fuga	hiems -mis *f*	invierno
fugere -iō fūgisse	huir	hinc	de aquí
fugitīvus -a -um	esclavo fugitivo	hodiē	hoy
fulgur -uris *n*	relámpago	holus -eris *n*	hortaliza, verdura
fundere fūdisse fūsum	verter	homō -inis *m*	hombre
funditus *adv*	hasta el fondo, a fondo	hōra -ae *f*	hora
fundus -ī *m*	fondo	horrendus -a -um	horrendo, espantoso
fūr -is *m*	ladrón	horrēre	estar erizado, temblar, tener horror a
fūrtum -ī *n*	robo, hurto		
futūrus -a -um (*v.* esse)	futuro, venidero	hortārī	animar, exhortar
		hortus -ī *m*	jardín, huerto
G		hospes -itis *m*	huésped
gallus -ī *m*	gallo	hostis -is *m*	enemigo
gaudēre gavīsum esse	gozarse, alegrarse	hūc	acá, (hacia) aquí
gaudium -ī *n*	gozo, alegría	hūmānus -a -um	humano
geminus -a -um	gemelo	humī *loc*	a tierra, en tierra
gemma -ae *f*	piedra preciosa, gema	humilis -e	bajo
gemmātus -a -um	con piedra preciosa	humus -ī *f*	tierra, suelo
gena -ae *f*	mejilla		
gēns gentis *f*	raza, nación, pueblo	**I**	
genū -ūs *n*	rodilla	iacere -iō iēcisse iactum	echar, arrojar
genus -eris *n*	género, clase	iacēre	yacer, estar echado
gerere gessisse gestum	llevar, tener, hacer	iactāre	arrojar, agitar

iactūra -ae *f*	alijo, pérdida	induere -uisse -ūtum	poner
iam	ya, ahora	indūtus +*abl*	vestido
iānitor -ōris *m*	portero	industrius -a -um	activo, laborioso
iānua -ae *f*	puerta	in-ermis -e	inerme
Iānuārius -ī (mēnsis)	enero	in-esse	estar en
ibi	allí	in-exspectātus -a -um	inesperado
-icere -iō -iēcisse -iectum		īnfāns -antis *m/f*	niño, niña
īdem eadem idem	el mismo	īn-fēlīx -īcis *adi*	desgraciado, infeliz
id-eō	por esto	īnferior -ius *comp*	más bajo, inferior
idōneus -a -um	apropiado, idóneo	īnferus -a -um	de abajo, inferior
īdūs -uum *f pl*	el 13 o 15 (del mes)	Īnferī -ōrum *m pl*	los infiernos
iecur -oris *n*	hígado	īnfēstus -a -um	expuesto, amenazado
igitur	así pues, pues	īn-fīdus -a -um	infiel, desleal
ignārus -a -um	ignorante	īnfimus -a -um *sup*	el más bajo, ínfimo
ignis -is *m*	fuego	īn-flectere	doblar, declinar
ignōrāre	ignorar, desconocer	īn-fluere	desembocar
ignōscere -ōvisse +*dat*	perdonar	īnfrā *prp* +*acc*	debajo de, abajo
ignōtus -a -um	desconocido	ingenium -ī *n*	naturaleza, carácter
ille -a -ud	aquel	ingēns -entis *adi*	ingente, enorme
illīc	allí, en aquel lugar	in-hūmānus -a -um	inhumano
illinc	de allí	in-imīcus -ī *m*	enemigo (particular)
illūc	(hacia) allí, allá	in-inimīcus -a -um	enemigo, hostil
illūstrāre	alumbrar, iluminar	initium -ī *n*	principio, comienzo
imāgō -inis *f*	imagen	iniūria -ae *f*	injusticia
imber -bris *m*	lluvia	in-iūstus -a -um	injusto
imitārī	imitar	inopia -ae *f*	escasez, inopia
im-mātūrus -a -um	no maduro	inquit -iunt	dice
immō	no, por el contrario	inquam	digo
im-mortālis -e	inmortal	īn-scrībere	escribir sobre
im-pār -aris *adi*	desigual	īnscrīptiō -ōnis *f*	inscripción
im-patiēns -entis *adi*	impaciente	īn-struere -ūxisse -ūctum	colocar, alinear
im-pendēre +*dat*	amenazar	īnstrūmentum -ī *n*	instrumento, utensilio
imperāre +*dat*	mandar	īnsula -ae *f*	isla
imperātor -ōris *m*	general (en jefe)	integer -gra -grum	intacto, entero
imperium -ī *n*	mando, orden, imperio	intellegere -ēxisse -ēctum	comprender
impetus -ūs *m*	embestida, ataque	inter *prp* +*acc*	entre, durante
im-piger -gra -grum	activo, diligente	inter sē	uno a otro, se
im-plēre -ēvisse -ētum	llenar	inter-dum	alguna vez, a veces
im-plicāre -uisse -itum	enredar	inter-eā	entretanto
impluvium -ī *n*	impluvio	inter-esse	estar en medio de
im-pōnere	poner, colocar (en)	inter-ficere	matar
im-primere -pressisse -pressum	apretar, apoyar sobre, imprimir	interim	entretanto
im-probus -a -um	malo, malvado	internus -a -um	interno, interior
īmus -a -um *sup*	el más bajo, ínfimo	inter-pellāre	interrumpir
in *prp* +*abl*	en, entre	inter-rogāre	preguntar, interrogar
prp +*acc*	a, en, hasta, contra	intrā *prp* +*acc*	dentro de
in-certus -a -um	incierto	intrāre	entrar (en)
in-cipere -iō coepisse coeptum	empezar, comenzar	intuērī	mirar, contemplar
		intus *adv*	dentro
in-clūdere -sisse -sum	encerrar	in-validus -a -um	inválido, débil
incola -ae *m/f*	habitante	in-vehere	llevar, importar
in-colere	habitar	in-venīre	encontrar, hallar
incolumis -e	incólume, sano y salvo	in-vidēre +*dat*	envidiar
inconditus -a -um	confuso, desordenado	invidia -ae *f*	envidia
inde	de allí	in-vocāre	invocar
index -icis *m*	lista, índice	iocōsus -a -um	jocoso, festivo
in-dignus -a -um	indigno, vergonzoso	ipse -a -um	mismo, en persona
in-doctus -a -um	ignorante, indocto	īra -ae *f*	ira, cólera

9

īrātus -a -um	irritado, indignado
īre eō iisse itum	ir, pasar
is ea id	él, éste, este
iste -a -ud	ese, esa, eso
ita	así, de este modo
ita-que	por eso
item	igualmente, asimismo
iter itineris n	viaje, marcha
iterum	una vez más, de nuevo
iubēre iussisse iussum	mandar, ordenar
iūcundus -a -um	agradable
Iūlius -ī (mēnsis)	julio
iungere iūnxisse iūnctum	unir, juntar
Iūnius -ī (mēnsis)	junio
iūs iūris n	derecho, justicia
iūre	con derecho, con razón
iūstus -a -um	justo
iuvāre iūvisse iūtum	ayudar, complacer
iuvenis -is m	jovene
iūxtā prp +acc	junto, cerca

K

kalendae -ārum f pl	el primero (del mes)
kalendārium -ī n	calendario

L

lābī lāpsum	caer (resbalando)
labor -ōris m	trabajo, fatiga
labōrāre	trabajar, esforzarse
labrum -ī n	labio
labyrinthus -ī m	laberinto
lac lactis n	leche
lacertus -ī m	brazo
lacrima -ae f	lágrima
lacrimāre	llorar
lacus -ūs m	lago
laedere -sisse -sum	herir, hacer daño
laetārī	alegrarse, regocijarse
laetitia -ae f	alegría, gozo
laetus -a -um	contento, alegre
laevus -a -um	izquierdo
lāna -ae f	lana
largīrī	dar copiosamente
largus -a -um	liberal, generoso
latēre	estar escondido
Latīnus -a -um	latino
lātrāre	ladrar
latus -eris n	costado, flanco
lātus -a -um	ancho
laudāre	loar, alabar, elogiar
laus laudis f	alabanza, elogio
lavāre lāvisse lautum	lavar, bañar
lectīca -ae f	litera, silla de manos
lectulus -ī m	cama
lectus -ī m	cama, lecho
lēgātus -ī m	embajador, legado
legere lēgisse lēctum	leer
legiō -ōnis f	legión
legiōnārius -a -um	legionario
leō -ōnis m	león
levāre	alzar, levantar
levis -e	ligero, leve
lēx lēgis f	ley
libellus -ī m	libro
libenter	de buena gana
liber -brī m	libro
līber -era -erum	libre
līberāre	liberar
libēre: libet +dat	placer, agradar, gustar
līberī -ōrum m pl	hijos
lībertās -ātis f	libertad
lībertīnus -ī m	liberto
licēre: licet +dat	estar permitido
ligneus -a -um	de madera
lignum -ī n	madera, leño
līlium -ī n	lirio
līmen -inis n	umbral
līnea -ae f	cuerda, cordel, línea
lingua -ae f	lengua
littera -ae f	letra
lītus -oris n	litoral, playa
locus -ī m, pl -ī/-a m/n	lugar, sitio
longē	lejos, con mucho
longus -a -um	largo
loquī locūtum	hablar
lūcēre lūxisse	brillar
lucerna -ae f	lámpara
lucrum -ī n	ganancia, lucro
luctārī	luchar
lūdere -sisse -sum	jugar
lūdus -ī m	juego, escuela
lūgēre -xisse	afligirse, estar de luto
lūna -ae f	luna
lupus -ī m	lobo
lūx lūcis f	luz, día

M

maerēre	estar triste, afligirse
maestus -a -um	triste, afligido
magis	más
magister -trī m	maestro de escuela
magnificus -a -um	magnífico, espléndido
magnus -a -um	grande
māior -ius comp	mayor, más grande
Māius -ī (mēnsis)	mayo
male adv	mal
maleficium -ī n	mala acción, crimen
mālle māluisse	querer más, preferir
malum -ī n	mal, calamidad
mālum -ī n	manzana
malus -a -um	malo, malvado
mamma -ae f	mamá
māne indēcl n, adv	mañana, por la mañana
manēre mānsisse	permanecer, quedar(se)
manus -ūs f	mano
mare -is n	mar
margarīta -ae f	perla
maritimus -a -um	de mar, marítimo

marītus -ī *m*	marido, esposo
Mārtius -ī (mēnsis)	marzo
māter -tris *f*	madre
māteria -ae *f*	materia
mātrōna -ae *f*	matrona
mātūrus -a -um	maduro
māximē	sobre todo
māximus -a -um	el mayor, el más grande
medicus -ī *m*	médico
medium -ī *n*	medio, centro
medius -a -um	del medio, central
mel mellis *n*	miel
melior -ius *comp*	mejor
mellītus -a -um	de miel, dulce
membrum -ī *n*	miembro
meminisse +*gen/acc*	recordar, acordarse
memorāre	moncionar
memoria -ae *f*	memoria, recuerdo
mendum -ī *n*	falta, error
mēns mentis *f*	mente, alma, espíritu
mēnsa -ae *f*	mesa
mēnsa secunda	postres
mēnsis -is *m*	mes
mentiō -ōnis *f*	mención
mentīrī	mentir
mercātor -ōris *m*	mercador, comerciante
mercātōrius -a -um	mercante
mercēs -ēdis *f*	salario, alquiler
merēre	merecer, ganar
mergere -sisse -sum	sumergir, anegar
merīdiēs -ēī *m*	mediodía, sur
merum -ī *n*	vino puro
merus -a -um	puro, sin mezcla
merx -rcis *f*	mercancia
metere	recolectar, cosechar
metuere -uisse	temer
metus -ūs *m*	miedo, temor
meus -a -um, *voc* mī	mío, mi
mīles -itis *m*	soldado
mīlitāre	ser soldado
mīlitāris -e	militar
mīlle, *pl* mīlia -ium *n*	mil
minārī +*dat*	amenazar
minimē	de ningún modo
minimus -a -um *sup*	mínimo, el más pequeño
minister -trī *m*	servidor, criado
minor -us *comp*	menor, más pequeño
minuere -uisse -ūtum	disminuir, reducir
minus -ōris *n, adv*	menos
mīrābilis -e	maravilloso
mīrārī	asombrarse (de)
mīrus -a -um	asombrose, sorprendente
miscēre -uisse mixtum	mezclar
misellus -a -um	pobre, pobrecillo
miser -era -erum	mísero, miserable
mittere mīsisse missum	enviar, arrojar
modo	sólo, hace poco
modo... modo	ora... ora
modus -ī *m*	modo, manera
nūllō modō	de ninguna manera
moenia -ium *n pl*	murallas
molestus -a -um	molesto, desagradable
mollīre	ablandar
mollis -e	blando, tierno
monēre	advertir, recordar
mōns montis *m*	monte, montaña
mōnstrāre	indicar, señalar
mōnstrum -ī *n*	monstruo
mora -ae *f*	tardanza, demora
mordēre momordisse -sum	morder
morī mortuum	morir
mors mortis *f*	muerte
mortālis -e	mortal
mortuus -a -um (< morī)	muerto
mōs mōris *m*	costumbre
movēre mōvisse mōtum	mover
mox	pronto, luego
mulier -eris *f*	mujer
multī -ae -a	muchos
multitūdō -inis *f*	multitud, gran número
multō +*comp*	mucho, muy
multum -ī *n, adv*	mucho
mundus -ī *m*	mundo, universo
mundus -a -um	limpio, nítido
mūnīre	fortificar
mūnus -eris *n*	regalo
mūrus -ī *m*	muralla, muro
Mūsa -ae *f*	Musa
mūtāre	cambiar, trocar
mūtus -a -um	mudo
mūtuus -a -um	prestado
mūtuum dare/sūmere	prestar/tomar prestado
N	
nam	pues, porque
-nam	¿... pues?
namque	pues, porque
nārrāre	narrar, contar
nārrātiō -ōnis *f*	narración
nāscī nātum	nacer
nāsus -ī *m*	nariz
natāre	nadar
nātūra -ae *f*	naturaleza
nātus -a -um (< nāscī)	nacido
XX annōs nātus	de 20 años de edad
nauta -ae *m*	marinero
nāvicula -ae *f*	barca, bote
nāvigāre	navegar
nāvigātiō -ōnis *f*	navegación
nāvis -is *f*	nave, embarcación
-ne	¿...? si
nē	(para) que no, que
nē... quidem	ni siquiera, tampoco
nec v. ne-que/nec	
necāre	matar
necessārius -a -um	necesario
necesse est	es necesario
negāre	negar, decir que no

11

neglegēns -entis *adi*	negligente, descuidado	numquam	nunca
neglegere -ēxisse -ēctum	descuidar	nunc	ahora
negōtium -ī *n*	ocupación, negocio	nūntiāre	anunciar, dar a conocer
nēmō -inem -inī	nadie, ningún	nūntius -ī *m*	mensajero, mensaje
nēquam *adi indēcl, sup*	qua nada vale, malo	nūper	hace poco
nēquissimus		nūtrīx -īcis *f*	nodriza
ne-que/nec	y no, ni	nux nucis *f*	nuez
n. ... n.	ni... ni		
ne-scīre	no saber	**O**	
neu *v.* nē-ve/neu		ō	¡oh!
neuter -tra -trum	ninguno de los dos	ob *prp +acc*	por, a causa de
nē-ve/neu	y no, o no	oblīvīscī -lītum *+gen/acc*	olvidar
nex necis *f*	muerte violenta, matanza	ob-oedīre *+dat*	obedecer
nīdus -ī *m*	nido	obscūrus -a -um	oscuro
niger -gra -grum	negro	occidēns -entis *m*	occidente, oeste
nihil/nīl	nada	oc-cidere -disse	ponerse
nimis	demasiado	oc-cīdere -disse -sum	matar
nimium	demasiado	occultāre	ocultar, esconder
nimius -a -um	demasiado grande	oc-currere -currisse *+dat*	encontrar
nisi	si no, excepto	ōceanus -ī *m*	océano
niveus -a -um	níveo	ocellus -ī *m*	ojito
nix nivis *f*	nieve	octāvus -a -um	octavo
nōbilis -e	conocido, célebre	octin-gentī -ae -a	ochocientos
nocēre *+dat*	dañar	octō	ocho
nōlī -īte *+īnf*	¡no ...!	Octōber -bris (mēnsis)	octubre
nōlle nōluisse	ne querer	octōgintā	ochenta
nōmen -inis *n*	nombre	oculus -ī *m*	ojo
nōmināre	nombrar, llamar	ōdisse	odiar
nōn	no	odium -ī *n*	odio
nōnae -ārum *f pl*	el 5 o 7 (del mes)	of-ferre ob-tulisse -lātum	ofrecer
nōnāgēsimus -a -um	nonagésimo	officium -ī *n*	deber
nōnāgintā	noventa	ōlim	en otro tiempo, una vez
nōn-dum	aún no, todavía no	omnis -e	todo, cada, *pl* todos
nōn-gentī -ae -a	novecientos	opera -ae *f*	trabajo, cuidado
nōn-ne	¿(acaso) no...?	operīre -uisse -ertum	cubrir
nōn-nūllī -ae -a	algunos	opēs -um *f pl*	medios, riquezas
nōn-numquam	aægima vez, a veces	oportēre: oportet	conviene, es necesario
nōnus -a -um	nono, noveno	opperīrī -ertum	esperar
nōs nōbīs	nosotros	oppidum -ī *n*	ciudad
nōscere nōvisse	(aprender a) conocer	op-pugnāre	atacar
noster -tra -trum	nuestro	optāre	desear
nostrum *gen*	de nosostros	optimus -a -um *sup*	óptimo, el mejor
nota -ae *f*	señal, signo	opus -eris *n*	trabajo, obra
nōtus -a -um	conocido	opus est	es necesario
novem	nueve	ōra -ae *f*	borde, costa
November -bris (mēnsis)	noviembre	ōrāre	rogar
nōvisse (< nōscere)	conocer	ōrātiō -ōnis *f*	discurso, oración
novus -a -um	nuevo	orbis -is *m*	círculo, órbita
nox noctis *f*	noche	orbis terrārum	la tierra, el mundo
nūbere -psisse *+dat*	casarse (con)	ōrdināre	ordenar, regular
nūbēs -is *f*	nube	ōrdō -inis *m*	fila, orden
nūbilus -a -um	nuboso	oriēns -entis *m*	oriente, este
nūdus -a -um	desnudo	orīrī ortum	levantarse, salir
nūgae -ārum *f pl*	semplezas, niñerías	ōrnāmentum -ī *n*	ornato, adorno
nūllus -a -um	ninguno	ōrnāre	adornar, equipar
num	¿(acaso) ...? si	os ossis *n*	hueso
numerāre	contar	ōs ōris *n*	boca
numerus -ī *m*	número	ōscitāre	bostezar
nummus -ī *m*	moneda, sestercio	ōsculārī	besar

ōsculum -ī n	beso
ostendere -disse	presentar, mostrar
ōstiārius -ī m	portero
ōstium -ī n	puerta, entrada
ōtiōsus -a -um	ocioso, desocupado
ōtium -ī n	ocio, descanso
ovis -is f	oveja
ōvum -ī n	huevo

P

pābulum -ī n	pasto, forraje
paene	casi
paen-īnsula -ae f	península
pāgina -ae f	página
pallēre	estar pálido, palidecer
pallidus -a -um	pálido
pallium -ī n	manto
palma -ae f	palma
palpitāre	palpitar
pānis -is m	pan
papȳrus -ī f	papiro
pār paris adi	igual
parāre	preparar
parātus -a -um	pronto, dispuesto
parcere pepercisse +dat	perdonar, respetar
parentēs -um m pl	padres (padre y madre)
parere -iō peperisse	dar a luz, parir, poner
pārēre (+dat)	obedecer
parricīda -ae m	parricida
pars -rtis f	parte, dirección
partīrī	dividir
parum	pocom no bastante
parvulus -a -um	muy pequeño, párvulo
parvus -a -um	pequeño
pāscere pāvisse pāstum	apacentar, satisfacer
passer -eris m	gorrión
passus -ūs m	paso (1,48 m.)
pāstor -ōris m	pastor
pater -tris m	padre
patēre	estar abierto
patī passum	sufrir, soportar
patiēns -entis adi	paciente
patientia -ae f	paciencia
patria -ae f	patria, país natal
paucī -ae -a	pocos
paulisper	poco tiempo, un momento
paulō +comp, ante/post	poco, un poco
paulum	poco, un poco
pauper -eris adi	pobre
pāx pācis f	paz
pectus -oris n	pecho
pecūlium -ī n	peculio
pecūnia -ae f	dinero
pecūniōsus -a -um	rico, dinerado
pecus -oris n	ganado
pedes -itis m	soldado de infantería
pēior -ius comp	peor
pellere pepulisse pulsum	rechazar, expulsar
penna -ae f	pluma
pēnsum -ī n	tarea
per prp +acc	a través, por
per-currere -rrisse -rsum	atravesar (corriendo)
per-cutere -iō -cussisse -cussum	golpear, batir
per-dere -didisse -ditum	arruinar, disipar, gastar
per-ferre	soportar
per-ficere	acabar
pergere per-rēxisse	continuar, proseguir
perīculōsus -a -um	arriesgado, peligroso
perīculum -ī n	peligro, riesgo
per-īre -eō -iisse	perecer, pederse
peristȳlum -ī n	peristilio
per-mittere	permitir
per-movēre	agitar, conmover
perpetuus -a -um	constante, perpetuo
per-sequī	perseguir
persōna -ae f	personaje, persona
per-suādēre -sisse +dat	persuadir, convencer
per-territus -a -um	aterrado, espantado
per-turbāre	perturbar, alterar
per-venīre	arribar, llegar
pēs pedis m	pie
pessimus -a -um sup	el peor
petasus -ī m	petaso (sombrero)
petere -īvisse -ītum	dirigirse a, atacar, buscar, ped
phantasma -atis n	fantasma, espectro
piger -gra -grum	perezoso
pila -ae f	pelota
pīlum -ī n	venablo, dardo
pīpiāre	piar, pipiar
pīrāta -ae m	pirata
pirum -ī n	pera
piscātor -ōris m	pescador
piscis -is m	pez
placēre +dat	dar placer, agradar
plānē	claramente, enteramente
plānus -a -um	claro, evidente
plaudere -sisse (+dat)	aplaudir
plēnus -a -um (+gen/abl)	lleno
plērī-que plērae- plēra-	la mayor parte, los más
plērumque	generalmente
plōrāre	llorar
plūrēs -a comp	más, mayor número
plūrimī -ae -a sup	el mayor número
plūs plūris n, adv	más
pōculum -ī n	copa
poena -ae f	castigo, pena
poēta -ae m/f	poeta
poēticus -a -um	poético
pollicērī	prometer
pōnere posuisse positum	poner, colocar
populus -ī m	pueblo
porcus -ī m	puerco, cochino
porta -ae f	puerta (de ciudad)
portāre	llevar, portear
portus -ūs m	puerto
poscere poposcisse	pedir, reclamar
posse potuisse	poder, ser capaz de

possidēre -sēdisse	poseer, tener	prōmere -mpsisse -mptum	sacar
post *prp* +*acc*, *adv*	detrás de, después de	prōmissum -ī *n*	promesa
post-eā	em segioda. después	prō-mittere	prometer
posterior -ius *comp*	posterior	prope *prp* +*acc*, *adv*	cerca de, cerca, casi
posterus -a -um	siguiente	properāre	apresurarse
posthāc	en adelante	propinquus -a -um	cercano
post-quam	desãiés que, desde que	proprius -a -um	propio
postrēmō *adv*	em fom. fomaæ,emte	propter *prp* +*acc*	por, por causa de
postrēmus -a -um	último	propter-eā	por esto
postulāre	pedir, demandar	prō-silīre -uisse	saltar fuera
pōtāre	beber	prō-spicere	mirar adelante
potestās -ātis *f*	peder, potestad	prōtinus	en seguida
pōtiō -ōnis *f*	bebida	prōvincia -ae *f*	provincia
potius	más bien	proximus -a -um *sup*	el más cercano, próximo
prae *prp* +*abl*	delante de, por	prūdēns -entis *adi*	prudente, sagaz
praecipuē	principalmente	pūblicus -a -um	público, del Estado
praedium -ī *n*	predio, hacienda	pudēre: pudet mē (+*gen*)	me avergüenzo (de)
praedō -ōnis *m*	ladrón, pirata	pudor -ōris *m*	vergüenza
prae-esse (+*dat*)	estar delante de	puella -ae *f*	muchacha
prae-ferre	preferir	puer -erī *m*	muchacho
praemium -ī *n*	premio, recompensa	pugna -ae *f*	pugna, pelea, combate
prae-nōmen -inis *n*	prenombre	pugnāre	combatir, luchar
prae-pōnere +*dat*	poner al frente de	pugnus -ī *m*	puño
praesēns -entis *adi*	presente	pulcher -chra -chrum	bello, hermoso
prae-stāre -stitisse	cumplir	pulchritūdō -inis *f*	belleza
praeter *prp* +*acc*	por delante de, excepto	pullus -ī *m*	pollo, cachorro
praeter-eā	además	pulmō -ōnis *m*	pulmón
praeteritus -a -um	pasado	pulsāre	golpear, batir
prāvus -a -um	falso, malo	pūnīre	castigar
precārī	rogar, suplicar	puppis -is *f*	popa
precēs -um *f pl*	súplicas	pūrus -a -um	limpio, puro
prehendere -disse -ēnsum	coger	putāre	pensar, creer
premere pressisse -ssum	apretar		
pretiōsus -a -um	precioso	**Q**	
pretium -ī *n*	precio, valor	quadrāgēsimus -a -um	cuadragésimo
prīdem	hace mucho tiempo	quadrāgintā	cuarenta
prī-diē	el día antes	quadrin-gentī -ae -a	cuatrocientos
prīmō *adv*	al principio	quaerere -sīvisse -sītum	buscar, preguntar
prīmum *adv*	primeramente	quālis -e	¿cuál? ¿de qué modo?
prīmus -a -um	primero	quālitās -ātis *f*	cualidad
prīnceps -ipis *m*	el primero, jefe	quam	que, como, cuán
prīncipium -ī *n*	comienzo, principio	quam +*sup*	lo más ... posible
prior -ius	anterior, primero	quam-diū	¿cuánto tiempo? como
prius *adv*	antes	quam-ob-rem	¿por qué?
prius-quam	antes que, antes de	quamquam	aunque
prīvātus -a -um	privado, particular	quandō	¿cuándo? cuando, ya que
prō *prp* +*abl*	por, en lugar de	quantitās -ātis *f*	cantidad
probus -a -um	bueno, probo	quantum -ī *n*	¿cuánto? cuanto, como
prō-cēdere	adelantarse, avanzar	quantus -a -um	¿cuán grande? cuanto, como
procul	lejos	quā-propter	¿por qué?
prō-currere -rrisse -rsum	avanzar corriendo	quā-rē	¿por qué?
prōd-esse prō-fuisse +*dat*	aprovechar, ser útil	quārtus -a -um	cuarto
proelium -ī *n*	batalla, combate	quasi	como, como si
profectō	ciertamente	quater	cuatro veces
prō-ferre	sacar	quatere -iō	agitar, sacudir
proficīscī -fectum	partir	quaternī -ae -a	cuatro (cada uno)
prō-gredī -ior -gressum	avanzar	quattuor	cuatro
pro-hibēre	alejar, impedir	quattuor-decim	catorce
prō-icere	arrojar	-que	y

querī questum	quejarse
quī quae quod	que, el que
quī quae quod (...?)	¿qué...?
quia	porque
quid n (v. quis)	¿qué? algo
quid adv	¿por qué?
quī-dam quae- quod-quidem	un cierto, uno
nē quidem	sin duda, por lo menos
quidnī	ni siquiera
quid-quam	¿por qué no?
neque/nec quidquam	algo
quid-quid	y nada
quiēscere -ēvisse	cualquier cosa que
quiētus -a -um	descansar, reposar
quīn	quieto, tranquilo
quīn-decim	¿por qué no?
quīn-gentī -ae -a	quince
quīnī -ae -a	quinientos
quīnquāgintā	cinco (cada uno)
quīnque	cincuenta
quīnquiēs	cinco
Quīntīlis -is (mēnsis)	cinco veces
quīntus -a -um	julio
quis quae quid	quinto
quis quid (sī/num/nē...)	¿quién? ¿qué?
quis-nam quid-nam	alguien, alguno, algo
quis-quam	¿quién (pues)?
nec/neque quisquam	alguien, alguno
quis-que quae- quod-	y nadie, y ninguno
quis-quis	cada, cada uno
quō adv	cualquiera que
quod (= quia)	a dónde
quod n (v. quī)	porque
quō-modo	que, lo que
quoniam	¿cómo?
quoque	puesto que, porque
quot indēcl	también
quot-annīs	cuántos, como
quotiēs	todos los años
	¿cuántas veces?
R	
rāmus -ī m	ramo
rapere -iō -uisse -ptum	arrastrar, arrebatar
rapidus -a -um	rápido
rārō adv	raramente
rārus -a -um	raro, poco numeroso
ratiō -ōnis f	razón
ratis -is f	balsa
re-cēdere	retroceder, retirarse
re-cipere	recibir, acoger
recitāre	leer a voz alta
re-cognōscere	reconocer
rēctus -a -um	recto, justo, correcto
rēctā (viā)	en línea recta
re-cumbere -cubuisse	acostarse
red-dere -didisse -ditum	devolver, restituir
red-imere -ēmisse -ēmptum	rescatar, redimir
red-īre -eō -iisse -itum	volver
re-dūcere	hacer volver
re-ferre rettulisse	volver a traer, devolver
regere rēxisse rēctum	gobernar, dirigir
regiō -ōnis f	región
rēgnāre	reinar, ser rey
rēgula -ae f	regla
re-linquere -līquisse -lictum	dejar
reliquus -a -um	restante, pl los otros
re-manēre	quedarse, permanecer
rēmigāre	remar
re-minīscī +gen/acc	recordar
re-mittere	hacer volver, devolver
re-movēre	alejar
rēmus -ī m	remo
repente	subitamente, de repente
reperīre repperisse repertum	hallar
re-pōnere	volver a poner
re-prehendere	reprender
re-pugnāre	resistir
re-quiēscere	descansar
re-quīrere -sīvisse -sītum	buscar, preguntar
rēs reī f	cosa, hecho, asonto
re-sistere -stitisse +dat	quedarse, resistir
re-spondēre -disse -ōnsum	responder
respōnsum -ī n	respuesta
rēte -is n	red
re-tinēre -uisse -tentum	retener
re-trahere	hacer volver
re-venīre	volver
revertī -tisse -sum	volver
re-vocāre	hacer volver
rēx rēgis m	rey
rīdēre -sisse -sum	reir
rīdiculus -a -um	ridículo, cómoco
rigāre	regar, irrigar
rīpa -ae f	ribera, orilla
rīsus -ūs m	risa
rīvus -ī m	arroyo
rogāre	rogar
rogitāre	preguntar
Rōmānus -a -um	romano
rosa -ae f	rosa
ruber -bra -brum	rojo
rubēre	ser rojo, enrojecer
rudis -e	rudo, bruto, inculto
rūmor -ōris m	rumor
rumpere rūpisse ruptum	romper
rūrī loc	en el campo
rūrsus	nuevamente, otra vez
rūs rūris n	el campo
rūsticus -a -um	rústico, del campo
S	
sacculus -ī m	bolsa
saccus -ī m	saco
sacerdōs -ōtis m/f	sacerdote, sacerdotisa

15

saeculum -ī n	siglo	servāre	conservar, salvar
saepe	a menudo, muchas veces	servīre +dat	servir, ser esclavo
saevus -a -um	rabioso, cruel	servitūs -ūtis f	servidumbre, esclavitud
sagitta -ae f	flecha, saeta	servus -ī m	esclavo, siervo
sāl salis m	sal	ses-centī -ae -a	seiscientos
salīre -uisse	saltar	sēsē	se, sí
salūs -ūtis f	salud, salvación	sēstertius -ī m	sestercio (moneda)
salūtem dīcere +dat	saludar	seu v. sī-ve/seu	
salūtāre	saludar	sevērus -a -um	severo
salvāre	salvar	sex	seis
salvē -ēte	¡salud! buenos días	sexāgintā	sesenta
salvēre iubēre	saludar	sexiēs	seis veces
salvus -a -um	salvo, sano	Sextīlis -is (mēnsis)	agosto
sānāre	curar	sextus -a -um	sexto
sānē	verdaderamente	sī	si
sanguis -inis m	sangre	sīc	así, de este modo
sānus -a -um	sano	siccus -a -um	seco
sapere -iō -iisse	tener juicio	sīc-ut	como, así como
sapiēns -entis adi	sabio	signāre	marcar, sellar
satis	bastante	significāre	indicar, significar
saxum -ī n	roca	significātiō -ōnis f	significación
scaena -ae f	escena	signum -ī n	estatua, sello, bandera
scaenicus -a -um	teatral	silentium -ī n	silencio
scalpellum -ī n	escalpelo, lanceta	silēre	callarse
scamnum -ī n	banquillo	silva -ae f	bosque, selva
scelestus -a -um	malvado, criminal	similis -e	parecido, semejante
scelus -eris n	crimen	simul	al mismo tiempo
scīlicet	naturalmente	simul atque +perf	en cuanto
scindere -idisse -issum	desgarrar, rasgar	sīn	pero si
scīre	saber	sine prp +abl	sin
scrībere -psisse -ptum	escribir	sinere sīvisse situm	permitir, dejar
scūtum -ī n	escudo	singulī -ae -a	imp (cada uno), cada
sē sibi	se, sí	sinister -tra -trum	izquierdo
secāre -uisse -ctum	cortar	sinus -ūs m	pliegue de la toga
secundum prp +acc	a lo largo de	sī-quidem	puesto que
secundus -a -um	segundo, favorable	sitis -is f	sed
sed	sino, pero	situs -a -um	situado
sē-decim	dieciséis	sī-ve/seu	os si, o
sedēre sēdisse	estar sentado	s. ... s.	o... o, ya sea... ya sea
sella -ae f	silla	sōl -is m	sol
semel	una vez	solēre -itum esse	soler
sēmen -inis n	grano, simiente	solum -ī n	suelo
semper	siempre	sōlum adv	sólo
senex senis m	hombre viejo	sōlus -a -um	solo
sēnī -ae -a	seis (cada uno)	solvere -visse solūtum	soltar, pagar, cumplir
sententia -ae f	opinión, sentencia	nāvem solvere	levar anclas, zarpar
sentīre sēnsisse sēnsum	sentir	somnus -ī m	sueño
septem	siete	sonus -ī m	sonido
September -bris (mēnsis)	septiembre	sordēs -ium f pl	suciedad
septen-decim	diecisiete	sordidus -a -um	sucio, sórdido
septentriōnēs -um m pl	norte	soror -ōris f	hermana
septimus -a -um	séptimo	spargere -sisse -sum	esparcir, dispersar
septin-gentī -ae -a	setecientos	speciēs -ēī f	aspecto, especie
septuāgintā	setenta	spectāre	contemplar, mirar
sequī secūtum	seguir	spectātor -ōris m	espectador
serēnus -a -um	sereno, sin nubes	speculum -ī n	espejo
serere sēvisse satum	sembrar, plantar	spērāre	esperar
sērius -a -um	serio	spēs -eī f	esperanza
sermō -ōnis m	conversación	-spicere -iō -exisse -ectum	

spīrāre	respirar
stāre stetisse	estar de pie
statim	en seguida, al punto
statuere -uisse -ūtum	determinar, fijar
stēlla -ae *f*	estrella
sternere strāvisse strātum	tender, cubrir
stilus -ī *m*	estilo
stipendium -ī *n*	paga, servicio militar
stipendia merēre	ser soldado
strepitus -ūs *m*	ruido
studēre +*dat*	afanarse, dedicarse
studiōsus -a -um (+*gen*)	aficionado
studium -ī *n*	empeño, afición, afán
stultus -a -um	necio, tonto
stupēre	qudarse atónito
suādēre -sisse +*dat*	aconsejar
sub *prp* +*abl/acc*	bajo, debajo, al pie de
sub-īre -eō -iisse	ponerse bajo,
subitus -a -um, *adv* -ō	súbito
sub-mergere	sumergir, hundir
sub-urbānus -a -um	vecino a Roma
sūmere -mpsisse -mptum	tomar
summus -a -um *sup*	el más alto/elevado
super *prp* +*acc*	sobre, encima de
prp +*abl*	acerca de, sobre
superbus -a -um	soberbio, orgulloso
super-esse	quedar, sobrar
superior -ius *comp*	más alto, superior
superus -a -um	de arriba, superior
supplicium -ī *n*	castigo, suplicio
suprā *prp* +*acc, adv*	incima de, sobre, arriba
surdus -a -um	sordo
surgere sur-rēxisse	levantarse
sur-ripere -iō -uisse -reptum	llevarse a escondidas, robar
sūrsum	arriba, hacia arriba
suscitāre	despertar, resucitar
su-spicere	lavantar la vista (a)
sus-tinēre	sostener, soportar
suus -a -um	su, suyo
syllaba -ae *f*	sílaba

T

tabella -ae *f*	tableta
tabellārius -ī *m*	portador de cartas
taberna -ae *f*	tienda
tabernārius -ī *m*	tendero
tabula -ae *f*	tabla, tableta
tacēre	callarse
tacitus -a -um	callado, silencioso
talentum -ī *n*	talento
tālis -e	tal
tam	tan, tanto
tam-diū	por tanto tiempo
tamen	sin embargo, con todo
tam-quam	como
tandem	en fin, por fin
tangere tetigisse tāctum	tocar
tantum -ī *n*	tanta cantidad
tantum *adv*	tanto, sólo
tantun-dem	tanto, lo mismo
tantus -a -um	tan grande
tardus -a -um	lento, tardo, tardío
tata -ae *m*	papá
taurus -ī *m*	toro
tēctum -ī *n*	techo
temerārius -a -um	irreflexivo, imprudente
tempestās -ātis *f*	tempestad
templum -ī *n*	templo
tempus -oris *n*	tiempo
tenebrae -ārum *f pl*	oscuridad, tinieblas
tenebricōsus -a -um	tenebroso
tenēre -uisse -ntum	tener, retener
tenuis -e	delgado
ter	tres veces
tergēre -sisse -sum	enjugar
tergum -ī *n*	espalda
ternī -ae -a	tres (cada uno)
terra -ae *f*	tierra, país
terrēre	asustar, espantar
terribilis -e	terrible, espantoso
tertius -a -um	tercero
testis -is *m/f*	testigo
theātrum -ī *n*	teatro
tībiae -ārum *f pl*	flauta
tībīcen -inis *m*	tocador de flauta
timēre	temer
timidus -a -um	medroso
timor -ōris *m*	miedo, temor
titulus -ī *m*	título
toga -ae *f*	toga
togātus -a -um	togado, vestido de toga
tollere sus-tulisse sub-lātum	lavantar, quitar
tonitrus -ūs *m*	trueno
tot *indēcl*	tantos
totiēs	tamtas veces
tōtus -a -um	todo, entero
trā-dere -didisse -ditum	entregar, dar
trahere -āxisse -actum	arrastrar, tirar
tranquillitās -ātis *f*	calma, tranquilidad
tranquillus -a -um	tranquilo, en calma
trāns *prp* +*acc*	por encima de
trāns-ferre	llevar (a otro sitio)
trāns-īre -eō -iisse -itum	pasar (por encima de)
tre-centī -ae -a	trescientos
trē-decim	trece
tremere -uisse	temblar
trēs tria	tres
trīcēsimus -a -um	trigésimo
trīclīnium -ī *n*	triclinio, comedor
trīgintā	treinta
trīnī -ae -a	tres
trīstis -e	triste
trīstitia -ae *f*	tristeza
tū tē tibi	tú, ti, te
tuērī tūtum	proteger
tum	entonces, después

17

tumultuārī	meter ruído	vallis -is *f*	valle
tumultus -ūs *m*	tumulto	vāllum -ī *n*	empalizada, vallado
tunc	entonces	varius -a -um	vario, diverso
tunica -ae *f*	túnica	vās vāsis *n, pl* -a -ōrum	vaso, vasija
turba -ae *f*	muchedumbre, turba	-ve	o
turbāre	agitar, revolver	vehere vēxisse vectum	llevar, transportar
turbidus -a -um	agitado, tempestuoso	vel	o, o bien
turgid(ul)us -a -um	hinchado	velle volō voluisse	querer, desear
turpis -e	feo	vēlōx -ōcis *adi*	veloz, rápido
tūtus -a -um	seguro, protegido	vēlum -ī *n*	vela
tuus -a -um	tu, tuyo	vel-ut	como
tyrannus -ī *m*	tirano	vēna -ae *f*	vena
		vēn-dere -didisse	vender
U		venīre vēnisse ventum	venir
ubi	¿dónde? donde	venter -tris *m*	vientre
ubi prīmum +*perf*	tan pronto que	ventus -ī *m*	viento
ubī-que	en todas partes	venustus -a -um	gracioso, amable
ūllus -a -um	algún, un	vēr vēris *n*	primavera
neque/nec ūllus	y ningún	verbera -um *n pl*	latigazo, palos
ulterior -ius	ulterior, más alejado	verberāre	azotar, golpear
ultimus -a -um	último	verbum -ī *n*	palabra
ultrā *prp* +*acc*	al otro lado de, allende	verērī	temer
ululāre	aullar	vērō	en verdad, mas, pero
umbra -a *f*	sobra	neque/nec vērō	pero no
umerus -ī *m*	hombro	versārī	girar, hallarse, estar
ūmidus -a -um	húmedo, mojado	versiculus -ī *m*	verso corto
umquam	alguna vez	versus -ūs *m*	linea, verso
ūnā *adv*	junto	versus: ad... versus	en la dirección de
unde	¿de dónde? de donde	vertere -tisse -sum	hacer girar, volver
ūn-dē-centum	noventa y nueve	vērum	pero, sino
ūn-decim	once	vērus -a -um	verdadero, *n* verdad
ūndecimus -a -um	onceno	vesper -erī *m*	tarde
ūn-dē-trīgintā	veintinueve	vesperī *adv*	por la tarde
ūn-dē-vīgintī	diecinueve	vester -tra -trum	vuestro
ūnī -ae -a	un, uno	vestīgium -ī *n*	huella
ūniversus -a -um	entero	vestīmentum -ī *n*	vestido
ūnus -a -um	un, uno	vestīre	vestir
urbānus -a -um	de la ciudad, urbano	vestis -is *f*	vestido
urbs -bis *f*	ciudad	vestrum *gen*	de vosotros
ūrere ussisse ustum	quemar, abrasar	vetāre	prohibir
ūsque	hasta, desde	vetus -eris	viejo, anciano
ut	como	via -ae *f*	camino, via, calle
ut +*coni*	que, para (que)	vīcēsimus -a -um	vigésimo
uter utra utrum	¿cuál de los dos?	victor -ōris *m, adi*	vencedor
uter-que utra- utrum-	(cada uno de) los dos	victōria -ae *f*	victoria
ūtī ūsum +*abl*	servirse de, usar, tener	vidēre vīdisse vīsum	ver, *pass* parecer
utinam	ojalá	vigilāre	velar, estar despierto
utrum... an	¿...o ...? si... o	vigilia -ae *f*	vigilia
ūva -ae *f*	uva	vīgintī	veinte
uxor -ōris *f*	esposa, mujer	vīlis -e	barato
		vīlla -ae *f*	casa de campo, villa
V		vincere vīcisse victum	vencer
vacuus -a -um	vacío	vincīre -nxisse -nctum	atar, encadenar
vāgīre	dar vagidos, gemir	vīnea -ae *f*	viña
valdē	mucho, muy	vīnum -ī *n*	vino
valē -ēte	adiós	vir -ī *m*	hombre
valēre	ser fuerte, estar bien	vīrēs -ium *f pl*	fuerza
valētūdō -inis *f*	salud	virga -ae *f*	bastón, vara
validus -a -um	fuerte	virgō -inis *f*	virgen, muchacha

virtūs -ūtis *f*	valor, valentía	volāre	volar
vīs, *acc* vim, *abl* vī	violencia, vigor, poder	voluntās -ātis *f*	voluntad
viscera -um *n pl*	vísceras, entrañas	vorāgō -inis *f*	remolino, vorágine
vīsere -sisse	ir a ver, visitar	vorāre	devorar, engullir
vīta -ae *f*	vida	vōs vōbīs	vosotros
vītāre	evitar	vōx vōcis *f*	voz
vītis -is *f*	vid	vulnerāre	herir
vīvere vīxisse	vivir	vulnus -eris *n*	herida
vīvus -a -um	vivo	vultus -ūs *m*	rostro, cara
vix	apenas		
vocābulum -ī *n*	vocablo, palabra	**Z**	
vōcālis -is *f*	vocal	zephyrus -ī *m*	céfiro, viento del oeste
vocāre	llamar, invitar		

TÉRMINOS GRAMMATICALES

LATINO	ABREVIATURAS	ESPAÑOL
ablātīvus (cāsus)	abl	ablativo
accūsātīvus (cāsus)	acc	acusativo
āctīvum (genus)	āct	activo
adiectīvum (nōmen)	adi	adjetivo
adverbium -ī n	adv	adverbio
appellātīvum (nōmen)		apelativo
cāsus -ūs m		caso
comparātiō -ōnis f		comparación
comparātīvus (gradus)	comp	comparativo
coniugātiō -ōnis f		conjugación
coniūnctiō -ōnis f	coni	conjunción
coniūnctīvus (modus)	coni	subjuntivo
datīvus (cāsus)	dat	dativo
dēclīnātiō -ōnis f	dēcl	declinación
dēmōnstrātīvum (prōnōmen)		demostrativo
dēpōnēns (verbum)	dēp	deponente
fēminīnum (genus)	f/fēm	femenino
futūrum (tempus)	fut	futuro
genetīvus (cāsus)	gen	genitivo
genus (nōminis/verbī)		género
gerundium -ī n, gerundīvum -ī n		gerundio
imperātīvus (modus)	imp	imperativo
imperfectum (tempus praeteritum)	imperf	imperfecto
indēclīnābile (vocābulum)	indēcl	indeclinable
indēfīnītum (prōnōmen)		indefinido
indicātīvus (modus)	ind	indicativo
īnfīnītīvus (modus)	īnf	infinitivo
interiectiō -ōnis f		interjección
interrogātīvum (prōnōmen)		interrogativo
locātīvus (cāsus)	loc	locativo
masculīnum (genus)	m/masc	masculino
modus (verbī)		modo
neutrum (genus)	n/neutr	neutro
nōminātīvus (cāsus)	nōm	nominativo
optātīvus (modus)		optativo
pars ōrātiōnis		parte de la oración
participium -ī n	part	participio
passīvum (genus)	pass	pasivo
perfectum (tempus praeteritum)	perf	perfecto
persōna -ae f	pers	persona
persōnāle (prōnōmen)		personal
plūrālis (numerus)	pl/plūr	plural
plūsquamperfectum (tempus praet.)	plūsqu	pluscuamperfecto
positīvus (gradus)	pos	positivo
possessīvum (prōnōmen)		posesivo
praepositiō -ōnis f	prp	preposición
praesēns (tempus)	praes	presente
praeteritum (tempus)	praet	pretérito
prōnōmen -inis n	prōn	pronombre
proprium (nōmen)		propio
relātīvum (prōnōmen)	rel	relativo
singulāris (numerus)	sg/sing	singular
superlātīvus (gradus)	sup	superlativo
supīnum		supino
verbum	vb	verbo
vocātīvus (cāsus)	voc	vocativo